AF602495

1903. Mars 27

VENTE
du 27 Mars 1903
HOTEL DROUOT
Salle N° 6, à trois heures

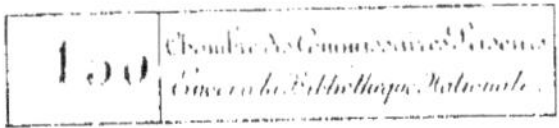

Tableaux Modernes

Aquarelles, Pastels et Dessins

Commissaire-Priseur :

Me LAIR-DUBREUIL

Expert :

M. Henri HARO

VENTE

de

TABLEAUX MODERNES

PAR

Boudin, Carrière, Clairin, Decamps,
Jules Dupré, Frappa, Manet, De Neuville, Raffaëlli,
Ribot, Rochegrosse, etc.

Important tableau par **ÉDOUARD DETAILLE**

NAPOLÉON EN ÉGYPTE **(Salon de 1878)**

DONT LA VENTE AURA LIEU

HOTEL DROUOT, SALLE N° 6

Le Vendredi 27 Mars 1903

à trois heures

EXPOSITIONS

PARTICULIÈRE	PUBLIQUE
Le Mercredi 25 Mars 1903	**Le Jeudi 26 Mars 1903**

de une heure et demie à cinq heures et demie

Me LAIR-DUBREUIL	M. Henri HARO
COMMISSAIRE-PRISEUR	PEINTRE-EXPERT
6, rue de Hanovre, 6	14, rue Visconti et rue Bonaparte, 20

CE CATALOGUE SE DISTRIBUE

A PARIS, CHEZ

Me LAIR-DUBREUIL	M. Henri HARO
COMMISSAIRE-PRISEUR	PEINTRE-EXPERT
6, rue de Hanovre, 6	14, rue Visconti et rue Bonaparte, 20

CONDITIONS DE LA VENTE

Elle sera faite au comptant.

Les acquéreurs payeront *dix pour cent* en plus du prix d'adjudication.

TABLEAUX

MODERNES

Désignation

BEAUQUESNE

(W.)

1 — **Débarquement de Troupes d'infanterie.**

Signé à gauche.

T. — H., 0m,65. L., 0m,81.

BILCOQ

2 — **Les Premiers pas de l'enfant.**

Signé à droite.

B. — H., 0m,26. L., 0,34.

BOUDIN

(EUGÈNE)

3 — Les Laveuses à la Touque.

Au premier plan, les laveuses, à genoux, travaillent leur linge dans la rivière; sur les deux rives, des habitations et de grandes cheminées d'usines.

Signé à droite.

T. — H., 0m,37. L., 0m,59.

BOUDIN

(EUGÈNE)

4 — Les Voiliers.

Les voiliers sont amarrés au port, leur haute mâture se découpe sur un ciel nuageux d'un puissant effet.

Signé à gauche.

B. — H., 0m,33. L., 0m,24.

CAIN

(GEORGES)

5 — **Le Duel.**

Dans une clairière écartée, les témoins, après avoir placé les adversaires, causent encore, réglant les dernières dispositions du duel. A quelque distance, un médecin prépare sur l'herbe son matériel de pansement. Les deux antagonistes, l'un en uniforme, l'autre sanglé dans la longue redingote des officiers en retraite, se mesurent des yeux et se provoquent d'un regard chargé de défi et de haine.

Signé à droite et daté 1888.

T. — H., 0^m,65. L., 0^m,81.

CARRIÈRE

(EUGÈNE)

6 — **Tendresse maternelle.**

La jeune mère tient dans ses bras son enfant, qu'elle va embrasser.

Signé à droite.

T. — H., 0^m,65. L., 0^m,55.

CARRIÈRE

(EUGÈNE)

7 — La Jeune mère.

La jeune femme tient son bébé dans ses bras, et regarde tendrement l'enfant, qui vient de quitter le sein en s'endormant.

Signé à gauche.

T. — H., 0m,51. L., 0m,61.

CARRIÈRE

(EUGÈNE)

8 — Le Baiser à la Poupée.

Une fillette vient de retirer sa poupée de son berceau et l'embrasse tendrement.

Signé à gauche.

T. — H., 0m,33. L., 0m,25.

CAUCHOIS

9 — Fleurs.

Signé à droite.

T. — H., 0m,24. L., 0m,33.

CLAIRIN

(G.)

10 — La Manœuvre d'artillerie.

Pendant les manœuvres, des mondaines sont venues en curieuses, au parc d'artillerie, examinent les canons et suivent à l'horizon les évolutions du combat.

Signé à gauche.

T. — H., 0m,65. L., 1m,01.

CLAIRIN

(G.)

11 — Les Régates.

A bord d'un bâtiment galamment occupé par des mondaines aux toilettes claires; les régates vont commencer, et le signal du départ sera donné par la main finement gantée d'une jeune fille que le capitaine conduit vers un canon. Les marins regardent avec respect ce servant d'artillerie comme ils ne sont pas accoutumés d'en voir.

Signé à gauche et daté 1888.

T. — H., 0m,65. L., 1m,01.

COIGNARD

(L.)

12 — **Vaches au pâturage.**

Signé à droite.

T. — H., 0m,52. L., 0m,78.

COURBET

(G.)

13 — **Au Puits noir (Franche-Comté).**

Signé à droite.

T. — H., 0m,36. L., 0m,45.

DECAMPS

(?)

14 — **La Peur.**

Deux enfants, dans une basse-cour, sont effrayés par les aboiements d'une lice à l'attache, entourée de ses petits chiens.

T. — H., 0m,90. L., 1m,48.

DELPY

(H.-C.)

15 — Les Bords de la rivière.

Signé à droite.

B. — H., $0^m,42$. L., $0^m,67$.

DENNEULIN

(JULES)

16 — Premier prix d'éloignement.

Retour en wagon de troisième classe de pompiers revenant d'un concours de musique dans lequel ils ont obtenu un premier prix d'éloignement.

Signé à droite.

T. — H., $0^m,62$ L., $0^m,88$.

DETAILLE

(ÉD.)

17 — Bonaparte en Égypte.

Les troupes sont réunies, occupant un vaste champ de bataille et de victoire, les costumes divers mettent dans la clarté de l'horizon une bariolante variété; à gauche, des indigènes aux masques bronzés sont accroupis ou debout; plus loin, dominant la cavalerie, les hussards d'Augereau sont montés sur des méharis. Vers la gauche, Napoléon, suivi d'un nombreux état-major, se silhouette sous le ciel doré.

Œuvre superbe, pleine de mouvement et de couleur.

Exposé au Salon de 1878 : n° 747 du catalogue.

« A la fin d'un combat livré aux Mameluks, les étendards et les prisonniers sont présentés à l'état-major qui parcourt le champ de bataille. Hébert, Dumas, Bessières, Desaix, Cafarelli, Monge, Desgenettes, Denon, Berthollet, etc., accompagnent le général en chef de l'armée d'Égypte. »

Signé à droite et daté de 1878.

T. — H., 1m,44. L., 2m,55.

DIAZ

18 — **Le Ravin; paysage.**

Signé à gauche.

T. — H., 0m,27. L., 0m,38.

DUBASTY

19 — **Léonard de Vinci peignant dans son atelier.**

Signé à gauche et daté 1865.

B. — H., 0m, 47. L., 0m,38.

DUPRAY

(H.)

20 — **Les Gendarmes à la maréchalerie.**

Les gendarmes se sont arrêtés à la maréchalerie. L'un reste en selle, l'autre mène son cheval à ferrer. Mais un petit chien qu'on excite de la voix, aboie et saute devant le cheval, qui recule effrayé.

et tous les spectateurs, charrons et paysans, de s'amuser du triomphe facile du chien, dont retentit la longue rue du hameau.

Le ciel est gris.

Signé à gauche.

T. — H., 0^m,87. L., 1^m,32.

DUPRE

(JULES)

21 — **Les Chaumières.**

Un soleil ardent éclaire vivement les murs décrépis de quelques masures couvertes de chaume.

Tableau d'une coloration très puissante.

Signé à droite.

T. — H., 0^m,32. L., 0^m,40.

DUPRÉ

(VICTOR)

22 — **L'Abreuvoir.**

Signé à gauche.

B. — H., 0^m,23. L., 0^m,35.

ENGLER

23 — **Le Troupeau.**

Un berger assis au pied d'un orme, ayant près de lui son chien fidèle, regarde paître son troupeau.

Signé à droite.

T. — H., 0m,27. L., 0m,35.

ESCUDIER

24 — **A la Fontaine.**

Signé à gauche et daté 1883.

T. — H., 0m,48. L., 0m,38.

FLERS

25 — **Paysage; marine.**

Signé à droite.

P. — H., 0m,33. L., 0m,43.

FRANÇAIS

(LOUIS)

26 — **Le Parc de Plombières.**

N° 170 de l'exposition des œuvres de Français à l'École des Beaux-Arts.

Signé à droite et daté 93.

T. — H., 0m,46. L., 0m,50.

FRANÇAIS

(LOUIS)

27 — **La Féverone; campagne de Rome.**

Signé à gauche et daté 1849.

T. — H., 0m,26. L., 0m,36.

FRAPPA

(JOSÉ)

28 — **La Confession.**

Un moine vénérable au front chauve, dont le visage austère est orné d'une longue barbe blanche, entend la confession d'une humble religieuse.

Salon de 1885.

Signé à droite.

T. — H., 2m,74. L., 2m,10.

FRAPPA

(JOSÉ)

29 — **Dom Pérignon** (l'inventeur du champagne mousseux).

Celérier de l'abbaye de Hautvilliers, devenu aveugle, goûte en présence de quelques moines les raisins des différents vignobles, afin de donner par le mélange des crus, la qualité et la délicatesse voulues aux vins de l'abbaye.

Exposé au Salon de 1888, n° 1034 du catalogue.

« L'inventeur du champagne mousseux, Dom Pérignon, quoique aveugle dans les dernières années de sa vie, savait, par la finesse de son goût, opérer un mélange de raisins de différents crus, qui donnait à ses vins une délicatesse qu'on ne connaissait point avant lui. »

L'abbé Manceaux, *Histoire de l'abbaye d'Hautvilliers.*

Signé à droite.

T. — H., 0m,97. L., 1m,34.

GAGLIARDINI

(G.)

30 — **Cour de Ferme.**

Signé à droite.

B. — H., 0m,41. L., 0m,33.

GEOFFROY

31 — **Noël.**

Signé à gauche.

T. — H., $0^m,46$. L., $0^m,33$.

GUILLEMET

(A.)

32 — **Port de Barfleur.**

Signé à gauche.

T. — H., $0^m,38$. L., $0^m,46$.

ISABEY

(Attribué à)

33 — **Sur la Terrasse.**

Les châtelains et leurs invités sortent du manoir pour se rendre à la terrasse et respirer l'air du lac.

Signé à droite.

B. — H., $0^m,58$. L., $0^m,79$.

JEANNIN

(G.)

34 — **Fleurs rouges.**

Une vasque japonaise, et dans cette vasque, des pivoines superbement ouvertes, dont l'incarnat chante dans les yeux avec un éclat de fanfare.

Signé à gauche.

T. — H., 0^m,76. L., 0^m,93.

JEANNIN

(G.)

35 — **Fleurs jaunes.**

Dans une large terrine, sur un guéridon couvert d'un drap bleu turquoisé, des giroflées achèvent de s'épanouir; la variété de leurs calices, où domine le jaune, chante une belle harmonie de tons diaprés.

Signé à droite.

T. — H., 0^m,73. L., 0^m,93.

LEBOURG

(A.)

36 — **Vue prise à Suresnes.**

Signé à gauche.

T. — H., $0^m,46$. L., $0^m,84$.

LEPOITTEVIN

(EUGÈNE)

37 — **Le petit Chaperon rouge.**

Signé à gauche.

T. — H., $0^m,46$. L., $0^m,38$.

LEROY

(JULES)

38 — **Qui dort dîne.**

Signé à droite et daté 1894.

T. — H., $0^m,32$. L., $0^m,41$.

MANET

39 — **Fleurs.**

Forme éventail.
Signé à droite.

MANET

40 — **Fleurs.**

Forme éventail.
Signé à droite.

NEUVILLE
(A. DE)

41 — **En avant!**

Tableau inachevé (une des dernières œuvres du maître), qui n'en est pas moins une admirable étude pleine de mouvement et d'un sentiment d'une impeccable justesse.

Le chef, M. de Carayon-Latour, a crié : « En avant! » Et les mobiles, en dépit des obus qui sifflent et tombent, faisant des trouées de chair humaine, les mobiles s'élancent, le pas sûr, malgré la neige qui couvre le sol, la neige où les taches de sang piquent, parmi la souillure des pas, d'héroïques coquelicots. Le ciel s'est alourdi des fumées rousses de la poudre.

Griffe de la vente à droite.

T. — H., $0^m,84$. L., $1^m,21$.

NOEL

(JULES)

42 — **Côtes de Bretagne.**

Signé à droite.

B. — H., 0m,28. L., 0m,49.

PERBOYRE

43 — **Les Prisonniers.**

Sur un chemin défoncé deux soldats allemands, un lancier bleu, la main droite en écharpe, et un fantassin fumant sa pipe, marchent escortés de deux dragons, dont un maréchal des logis, derrière un troisième dragon, armé de sa lance, donne des renseignements à un capitaine de chasseurs à pied accompagné de son clairon. Dans le fond, un quatrième dragon se silhouette sur l'horizon.

Signé à droite.

B. — H., 0m,38. L., 0m46.

RAFFAELLI

(J.-F.)

44 — **La Villa (environs de Paris).**

Signé à gauche.

T. — H., 0m,33. L., 0m,41.

RIBOT

(TH.)

45 — **Retour de pêche.**

Sur une table deux gros poissons, quelques moules, des huîtres, une écrevisse, trois crevettes, un homard; une bouillotte en cuivre rouge dont le couvercle est levé et une bouillotte en cuivre jaune.

Signé à gauche.

T. — H., 0m,58. L., 0m,73.

RIBOT

(TH.)

46 — **Pour le dîner.**

Sur une table de cuisine, un artichaut, un poulet plumé, une bouteille de champagne, un chou-fleur, quatre tomates, cinq asperges et trois champignons.

Signé à gauche.

T. — H., $0^m,58$. L., $0,^m71$.

RIBOT

(TH.)

47 — **La Conférence.**

Signé à gauche.

T. — H., $0^m,46$. L., $0^m,38$.

RICHET

(LÉON)

48 — **Paysage; la Mare.**

Signé à gauche.

T. — H., $0^m,46$. L., $0^m,61$.

ROCHEGROSSE

(GEORGES)

49 — **Le Vin de Syracuse.**

Signé à gauche en haut et daté 93.

T. — H., 0m,55. L., 0m,46.

ROUBY

50 — **Bouquet de Fleurs dans un vase en cuivre.**

Signé en haut à gauche.

T. — H., 0m,92. L., 0m,66.

SIGRISTE

(G.)

51 — **Napoléon après la bataille.**

Signé à droite et daté Paris 94.

T. — H., 0m,35. L., 0m,46.

SIGRISTE

(G.)

52 — **Gendarme 1805 en vedette.**

Signé à gauche.

B. — H., 0m,27. L., 0m,22.

STENGELIN

53 — **Paysage hollandais.**

Deux femmes sont occupées à traire les vaches près d'une cabane, dans le pâturage.

Signé à droite.

H., 0m,69. L., 0m,83.

TROYON

(C.)

54 — **Paysage; soleil couchant.**

Initiales à gauche; n° 117 de la vente Lutz.

B. — H., 0m,15. L., 0m,21.

WALTON

(E.)

55 — **La Fin de la journée; effet de soleil couchant.**

Signé à droite et daté 1886.

T. — H., 0m,38. L., 0m,36.

AQUARELLES

PASTELS ET DESSINS

GAVARNI

56 — **Le Chemineau.**

Aquarelle.
Signé à droite.

GAVARNI

57 — **Ouvrier au repos.**

Aquarelle.
Signé à droite.

KARL-ROBERT

58 — **Barque au bord de l'étang.**

Dessin.
Signé à droite et daté 1879.

KARL-ROBERT

59 — **Une Mare au bord du bois.**

Dessin.

Signé à gauche.

LA GANDARA

(A. DE)

60 — **Méditation.**

Une jeune femme, décolletée, à genoux sur une chaise, les deux coudes appuyés sur le dossier, la main droite sous le menton, est plongée dans ses méditations.

Pastel.

Signé à gauche.

MANET

(E.)

61 — **Portrait de M. René Maizeroy.**

Il est représenté debout, presque de face, la main droite appuyée sur sa canne, son manteau retenu sur son bras gauche.

Pastel.

Signé à gauche.

MILLET

(J.-F.)

62 — **Croquis pour le tableau « Les Glaneuses ».**

Dessin rehaussé.

OUVRIÉ

(JUSTIN)

63 — **Vue de Rotterdam.**

Aquarelle.

Signé à gauche et daté 1871.

OUVRIÉ

(JUSTIN)

64 — Vue d'Amsterdam.

Aquarelle.
Signé à droite.

PUVIS DE CHAVANNES

65 — Dans un même cadre, cinq dessins sanguine et crayon noir.

66 — Sous ce numéro seront vendus les tableaux, aquarelles, pastels et dessins non catalogués.

10795. — Lib.-Imp. réunies, rue Saint-Benoît, 7, Paris.

Supplément au Catalogue

DIAZ

Enfants Turcs jouant avec un singe.

B. — H., $0^m,19$. L., $0^m,26$.

DIAZ

Un Marché en Normandie.

Signé à gauche.

C. — H., $0^m,27$. L., $0^m,22$.

ISABEY

Le petit Port.

Initiales à droite.

T. — H., $0^m,20$. L., $0^m,30$.

www.ingramcontent.com/pod-product-compliance
Ingram Content Group UK Ltd.
Pitfield, Milton Keynes, MK11 3LW, UK
UKHW020506180726
13839UKWH00004B/1936

9 782329 492216